AF224771

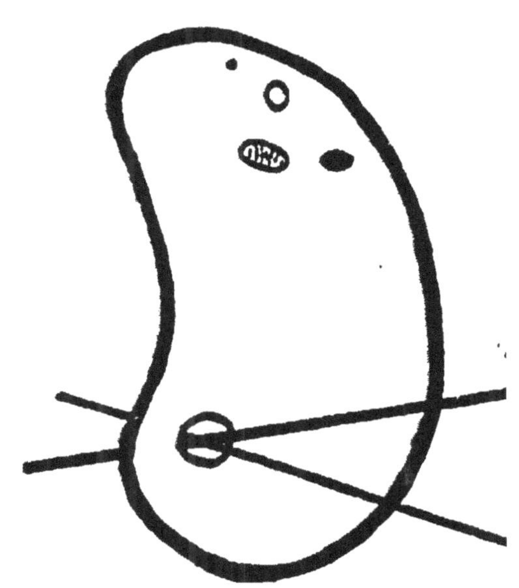

ORIGINAL EN COULEUR
N° Z 13-120-8

Joseph JOUBERT

Membre du Conseil héraldique de France.

LES ARMOIRIES

DE LA

République

Sud-Africaine

PARIS

AUGUSTIN CHALLAMEL, Éditeur

RUE JACOB, 17

1903

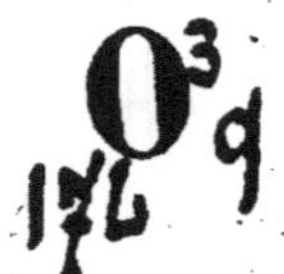

EENDRAGT MAAKT MAGT

Joseph JOUBERT

Membre du Conseil héraldique de France.

LES ARMOIRIES

DE LA

République

Sud-Africaine

PARIS

Augustin CHALLAMEL, Éditeur

RUE JACOB, 17

1903

LES ARMOIRIES

DE LA

RÉPUBLIQUE SUD-AFRICAINE

(TRANSVAAL)

On peut dire, en toute sincérité, qu'aucune armoirie d'État n'est plus parlante que l'écusson du Transvaal, ou plutôt de la République Sud-Africaine (Zuid-Afrikaansche Republiek.)

L'ovale qui porte les armes est surmonté d'un aigle fièrement éployé, bien campé sur le bord du blason et dont l'œil altier semble défier tous les ennemis du Transvaal.

Le blason repose sur un faisceau de drapeaux aux couleurs nationales : rouge, blanc et bleu, disposées en bandes horizontales, et le vert se marie aux trois autres nuances, pour former le *vierkleur* (quadricolore), qui, lui, pend perpendiculairement le long de la hampe.

Au-dessous du blason se déroule une banderole portant comme devise : *Eendragt maakt magt* (L'union fait la force).

L'écusson est coupé : le premier parti à dextre d'azur au Guerrier boër armé d'une carabine, à senestre de gueules au Lion couchant ; le deuxième de sinople (vert) au Chariot du *trekker* ; sur le tout d'argent à l'Ancre entourée de *gumène* (câble).

C'est à 1858 que remonte la création du blason et du drapeau de la République Sud-Africaine, lorsqu'ils furent institués par le décret du 13 février de cette année-là, article XXI; mais, en ce qui concerne l'écusson, le projet primitivement adopté fut modifié.

En effet, voici ce qu'on peut lire dans la préface du *Code des lois locales de la République Sud-Africaine* par le Dr S. G. P. Jorissen (pages XI et XII) :

De vlag wordt bepaald als volgt : « te bestaan uit de volgende « kleuren : rood, wit en blauw, horizontaal even breed boven « elkander gesteld, en groen perpendiculair langs den stok ».

Tot zoover is het voorschrift geeerbiedigd, maar niet langer het volgende, luidende : « daarop zullen de woorden geplaatst worden : « *Eendracht maakt macht.* » Dit devies is van de vlag, en misschien terecht, naar het wapen verzeild.

En nu het wapen?

De Volksraad nam een wapen aan, aldus samengesteld : « op een « zilveren veld zal een wagen en een gouden anker staan, en op dat « wapen een arend rusten, op de rechterzijde van dat wapen een « man, in 's lands kleederdracht, gewapend met een geweer en « toebehooren; aan de linkerzijde een leeuw ». Het officieele wapen zooals nu al sedert jaren gebezigd, en zelfs op de munt geslagen, is in flagranten strijd daarmede en is, heraldiek gesproken, een fout. Op het zilveren veld is zoowel het anker en de (ossen) wagen als de « man » en « de leeuw » opgenomen. Ik houd my overtuigd, dat de wenk indertijd door wijlen M^r. E. F. Jorissen gegeven, dat beiden, man en leeuw, niet in het schild, maar als dragers van het schild, moeten voorkomen, juist is.

Il a été arrêté que le drapeau serait comme suit : « composé des « couleurs suivantes, rouge, blanc et bleu, fixées horizontalement « de la même largeur l'une au-dessus de l'autre, et vert perpen- « diculairement le long de la hampe. » Jusque là l'ordonnance a été respectée, mais non plus par la suite; ainsi la devise :

[« les mots « *Eendracht maakt Macht* » (L'Union fait la Force) « seront placés là-dessus »], a été transférée du drapeau aux armoiries, et peut-être à juste titre.

Et maintenant le blason ?

Le Volksraad adopta des armoiries, ainsi composées : « sur « un champ d'argent seront placés un chariot et une ancre d'or, « et sur ces armoiries reposera un aigle ; sur le côté droit de ces « armoiries un homme, dans le costume du pays, armé d'un « fusil et d'accessoires ; du côté gauche un lion ». Les armoiries officielles, en usage depuis des années déjà et même frappées sur la monnaie, sont en contradiction flagrante avec ce qui précède et, au point de vue héraldique, c'est une faute. L'ancre et le chariot (à bœufs) ont été mis sur le champ d'argent, aussi bien que « l'homme » et « le lion ».

Je suis convaincu que l'idée exprimée dans le temps par feu le Dr S. G. Jorissen est exacte, que tous les deux, « homme » et « lion », doivent figurer non pas dans l'écusson, mais comme supports ou tenants de cet écusson. — Telles sont les remarques exprimées dans la préface du livre du Dr Jorissen.

— Ainsi donc, dans le projet auquel s'était arrêté le Volksraad le guerrier et le lion devaient servir de tenant et de support à l'écusson, sur le champ duquel ne figuraient que l'ancre et le char à bœufs, symboles de l'Espérance et de l'Émigration. Nous ferons, en outre, observer que, comme support, dans le premier modèle le lion était debout, tandis que sur le champ des armoiries réelles cet animal est couché.

Jorissen prétend que le changement produit dans les armoiries constitue une faute *au point de vue héraldique* ; nous ne saisissons pas bien pourquoi ; car, comme nous le verrons plus loin, le guerrier, ou homme d'armes, n'est pas rare comme attribut dans les écussons ; quant au lion, il est, de tous « les meubles » héraldiques, le plus recherché et le plus glorieux, comme le fait remarquer avec justesse M. Bachelin-Deflorenne dans son bel ouvrage : *La Science des Armoiries* ; mais on trouve le lion rarement couché, plutôt brochant, rampant ou issant.

D'après Jorissen les armoiries transvaaliennes en usage sont *en flagrante contradiction* avec celles que le *Volksraad* avait adoptées à l'origine. Est-ce bien certain ? En tout cas, d'autres autorités croient que la rédaction du projet d'armoiries cité par cet auteur n'était pas conforme à la décision réelle du *Volksraad* et que l'écusson officiel, dont on s'est toujours servi, correspond bien aux *vraies* intentions qu'avait eues le Parlement, lors de la création des armoiries de la nouvelle République[1].

Quoi qu'il en soit de cette controverse, intéressante au seul point de vue historique, on ne saurait contester que les divers attributs figurés sur le blason transvaalien sont des plus significatifs, car chacun d'eux, dans son symbolisme, rappelle l'origine des Boërs ou certaines mœurs particulières de ce peuple ou encore la faune des pays à travers lesquels leurs ancêtres ont erré dans leur existence nomade et semée de périls.

Commençons par le lion couchant à senestre.

Le lion joue un grand rôle dans l'art héraldique.

Voici ce qu'en dit Palliot, dans son fameux ouvrage *La vraie et parfaite Science des Armoiries* :

« Le Lion est le plus fort et le plus généreux des animaux ter-
« restres, mais principalement à cause des qualités royales qui
« sont en lui !..... Le Lion a cela de propre qu'il ne dort jamais,

1. Nous sommes redevable de ces curieux renseignements peu connus à l'éminent Dr Leyds, l'ancien Secrétaire d'État de la République Sud-Africaine, ainsi qu'au très distingué et très dévoué Consul général de ce même État à Paris, M. J. Pierson, que nous tenons à remercier encore l'un et l'autre de leur parfaite complaisance

« ou, s'il dort, c'est avec si peu de repos qu'il ne laisse pas d'avoir
« les yeux ouverts....... Jamais il n'offense ceux qui s'humilient
« devant luy; il ne touche point aux petits enfants et, entre les
« hommes et les femmes, il s'adresse plutôt aux hommes, et
« entre ceux qui le provoquent, il choisit toujours celuy qui
« l'aura blessé, comme méprisant les autres..... Sa colère est
« dangereuse; elle se tourne en fureur et, à mesure qu'elle
« s'échauffe, il allonge sa queue. *An nescis longas Regibus esse*
« *manus.*

« Du commencement, il ne fait que la secouer contre terre;
« mais quand il la pousse jusques à la poitrine, *Quos ego*, tout est
« à craindre; il semble qu'il ait le sentiment des menaces du ciel
« et des ordonnances de la terre..... Le Lion n'a ni fraude, ni
« soupçon et ne regarde jamais de travers; aussi ne veut-il que
« l'on l'y regarde, dit Pline. Tout ce qu'il craint est le chant du
« Coq, *Galli cantum.*

« Ce sont toutes ces propriétés qui ont fait choisir le Lion à
« plusieurs, pour orner leurs enseignes, et à un si grand nombre
« de Princes et Seigneurs et jusques à des provinces entières que
« Favin au livre IX de son théâtre d'honneur en rapporte jusques
« à trente de ceux qui allèrent au voyage de la Terre Sainte,
« comme de Flandre, Brabant, *Hollande*, Zélande, Zutphen,
« Lembourg, Namur, Hainaut, Gueldres, Juliers, Saint-Pol,
« Frize, etc. »

Comme l'a fait remarquer la *Revue des Questions héraldiques*
(25 juin 1901): « Toutes les maisons quasi-souveraines des Pays-
« Bas s'arment d'*un lion*. C'est l'insigne qui charge l'écu de Bra-
« bant, Flandre, Gueldre, Hollande, Julien, Limbourg, et ses
« deux branches Berg et Luxembourg. »

Il n'est donc pas surprenant que le lion figure le principal
attribut des armoiries du royaume des Pays-Bas : « *un lion d'or*

« avec le glaive et un faisceau de onze flèches (nombre des pro-
« vinces actuellement unies) et la devise : « Je maintiendrai. »
Ajoutons que les deux principaux ordres de chevalerie en
Hollande sont : *Le Lion néerlandais* et *le Lion d'or*.

Jusque dans le blason on retrouve donc la communauté de
race entre les Boërs et les Hollandais ; rien de plus naturel d'ailleurs, si l'on pense à la touchante affection qui unit les deux
peuples. Que de marques signalées de cordiale sympathie, en
effet, au cours de la guerre n'ont pas prodiguées aux combattants
et à leurs malheureuses familles les Pays-Bas, dont la jeune sou-
veraine si populaire, la reine Wilhelmine, a imposé à l'Europe,
figée dans l'égoïsme, une respectueuse admiration, en offrant,
avec une crâne dignité, asile au vénérable patriarche Krüger et en
donnant ainsi à monarques et à nations un bel exemple de courage féminin et de royale générosité !

Faut-il, par ailleurs, interpréter cet attribut du lion au sens
figuré, allégorique ou bien au sens propre ? On peut voir dans
la représentation du roi des animaux l'emblème de la bravoure
chez les Boërs. Il serait superflu d'insister sur ce point. L'indomptable vaillance a toujours été une des premières vertus des Boërs,
de ces hardis *Trekkers* qui, sous la conduite d'un Retief ou d'un
Prétorius, luttèrent avec tant d'opiniâtreté, dans la longue série
de leurs périlleux exodes, contre le désert, ses hôtes féroces, les
grands fauves, et surtout contre les sanguinaires Zoulous. Le
Mood Spruit, le Ruisseau du Meurtre, la *Bloed Rivier*, la Rivière
du Sang, perpétuent par leurs noms le souvenir de combats
meurtriers livrés avec une admirable bravoure par les émigrants,
devenus maîtres de contrées si chèrement conquises.

On sait que les descendants de tels héros n'ont pas dégénéré,
loin de là ! et il suffit de rappeler les noms de Joubert, de Cronje,
de Steijn, de Botha, de de Wet, de Delarey (et nous ne citons

que les chefs les plus illustres dans la dernière guerre) pour prouver que le courage poussé jusqu'à l'héroïsme est resté intangible chez les Boërs d'aujourd'hui comme il l'était chez leurs intrépides ancêtres. Ces guerriers incomparables ont sucé la bravoure avec le lait maternel, et les femmes, elles aussi, sous le rapport de la vaillance héroïque, ne le cèdent nullement aux hommes ; nous en dirons quelques mots plus loin.

Si nous laissons de côté le sens figuré, on s'explique facilement que *le lion* soit représenté dans l'écusson du Transvaal. Aujourd'hui les grands fauves se font rares dans les *velds* de la République Sud-Africaine, où on ne les rencontre plus guère, et encore en petit nombre, que dans le district nord du Zoupansberg. « Ces quadrupèdes carnassiers, a écrit le géographe Vivien de « Saint-Martin, disparaissent à mesure que le pays est habité. « Lorsque les colons prirent possession du territoire, ils furent « obligés de les tuer par centaines pour rendre le pays habitable « et surtout pour s'y livrer à l'élevage du bétail. »

Au milieu du siècle dernier on rencontrait encore assez fré · quemment des lions dans ces régions. Parlant des *Voortrekkers* (émigrants qui alors abandonnèrent le Cap pour gagner les sauvages contrées du nord), M. Jules Leclercq a dit : « La chasse « était pour eux une agréable diversion, et ils s'y livraient autant « pour subsister que pour se défendre contre les animaux « féroces..... Pendant la nuit ils tenaient des feux allumés de « peur que *les lions* ne vinssent enlever le bétail dans les enclos « construits avec des branches d'épines. Ils organisaient sou- « vent des parties de chasse contre ces hôtes dangereux ; ils « en tuèrent des centaines au cours de leurs exodes. Au nombre « de ces chasseurs était Paul Krüger, aujourd'hui président du « Transvaal. »

Et à propos de l'héroïque patriarche, qui incarna la sublime résistance du peuple boër contre le joug britannique, rappelons que le jeune Krüger n'était âgé que de onze ans lorsqu'il tua son premier lion. L'écrivain original Poultney Bigelow raconte, dans son curieux volume *Au pays des Boërs*, une anecdote typique, qui met en relief le courage et le sang-froid du jeune homme, futur Président de la République Sud-Africaine.

L'adolescent venait de prendre part à une course organisée par des chefs cafres qu'il avait si bien dépassés qu'il se mettait à chasser des antilopes.

« A travers les hautes herbes, dit le narrateur, il aperçut une
« tache rousse qu'il prit pour le gibier convoité. Il arma son
« fusil et pressa la détente ; mais l'arme fit long feu, et, au lieu
« d'une antilope, il se trouva face à face avec un lion que la
« détonation avait effrayé. Tous les deux se mesurèrent du
« regard ; les yeux de Krüger n'étaient pas moins tranquilles
« que ceux de l'animal. Alors le jeune homme, tout en ne per-
« dant pas son ennemi du regard, se retira pas à pas ; mais le lion,
« décidé à ne pas céder, le suivit en conservant la même dis-
« tance. L'aventure devenait énervante, sinon dangereuse,
« parce que le jour tombait et que le jeune Paul ne pouvait
« compter sur aucun secours. De nouveau il arma son rifle et
« épaula ; la capsule seule partit. Il se trouvait maintenant seul
« et désarmé devant le fauve, que cette nouvelle détonation avait
« rendu furieux, et qui, en rebondissant, tomba presque à ses
« pieds. Saisissant son fusil par le canon, il allait s'en servir
« comme d'une massue ; mais le lion recula à son tour, puis,
« se décidant à quitter le terrain, s'enfuit dans un furieux
« galop et disparut derrière la colline. Tranquillement Krüger
« reprit sa course et, en dépit de tout ce qui venait d'arriver,
« enleva le prix aux chefs cafres. »

Mais, au xvıı^e siècle, la vue d'un lion dans l'extrême sud-africain n'était pas une rareté ; ces grands fauves se montraient souvent aux alentours du Cap des Tempêtes, par exemple à l'époque où van Riebeek jeta, en 1652, les fondements de la ville au pied de la Montagne de la Table. Voici ce que raconte le « Journal » de cet aventurier, à la fois marchand, médecin et capitaine, au nom duquel reste attachée la création du premier établissement hollandais à la pointe de l'Afrique australe :

« Le commandant (van Riebeek) se promenait dans le jar-
« din (où s'élève maintenant les monuments des Chambres du
« Parlement), lorsqu'il découvrit, tout autour, des traces de
« fauves, et presque aussitôt un lion énorme bondit d'un fourré,
« à quarante ou cinquante pas de lui, et s'en alla doucement
« vers la montagne. Nous envoyâmes alors à sa poursuite un
« sergent, un chasseur et quatre ou cinq soldats armés de fusils;
« sur ces entrefaites deux cents Hottentots s'élancèrent avec
« leurs moutons et leurs troupeaux et entourèrent le lion dans
« un profond ravin sur le penchant de la montagne, de façon
« qu'il ne pouvait tourner dans aucune direction sans se frayer
« passage entre les moutons qu'ils opposaient au lion comme un
« rempart, pendant qu'il était blotti contre un tronc d'arbre.
« Les indigènes se tenaient en dehors du troupeau, et, toutes les
« fois que le lion poussait un rugissement, faisait un bond et sai-
« sissait un mouton, ils jetaient avec de grands cris leurs zagaies
« par dessus la victime, et le lion battait alors en retraite. C'était
« un spectacle des plus curieux; mais, comme ils ne pouvaient
« pas facilement l'atteindre avec leurs javelots, le sergent qui se
« tenait à huit ou dix *yards* du lion fit feu sur l'animal, mais
« sans résultat. Alors le chasseur tira à son tour et l'étendit
« mort avec trois balles dans la tête. Alors les Hottentots
« *déployèrent leur bravoure* et l'auraient percé de cent coups une
« fois tué, mais on les en empêcha pour ne pas détériorer la

« peau qui, une fois préparée, sera pendue dans le grand *hall* qui
« sert d'église. Le lion pesait 426 livres hollandaises. La lionne
« fut aperçue la nuit suivante cherchant le mâle près de la porte
« du fort, et elle dévora une partie de la carcasse. »

Au siècle suivant Pierre Kolbe, maître ès arts, secrétaire du
baron de Krosick, conseiller privé du roi de Prusse, envoyé au
Cap de Bonne-Espérance pour y faire des observations astrono-
miques, commence par *le Lion*, dans son curieux ouvrage sur les
Hottentots, la description des animaux sauvages répandus dans
les pays occupés par ces tribus d'indigènes.

« On rencontre, écrit ce voyageur, naturaliste, en divers
« endroits du Cap, cet animal également fier et terrible ; et,
« lorsqu'on est en lieu de sûreté, qu'on peut le contempler
« sans rien craindre, c'est sans contredit un très grand plaisir...
« De mon temps, un lion terrassa et emporta même une senti-
« nelle, qui était en faction au Cap devant la tente de son offi-
« cier. C'était au mois de décembre de l'année 1705. Je me
« rappelle encore que deux ans après un lion terrassa un bœuf de
« moyenne taille et l'emporta fort tranquillement sur un mur
« d'une hauteur considérable. Ce sont là des échantillons de la
« force de ces animaux. »

— « Deux Européens, raconte-t-il ailleurs, gens résolus, voya-
« geaient ensemble à travers les champs du Cap, lorsqu'un lion,
« sortant tout à coup de son gite, se jetta sur eux ; il voulut don-
« ner un coup de patte à l'un des deux ; mais celui-ci fut assez
« adroit pour l'esquiver et pour se jeter sur le lion qu'il saisit
« par la crinière. Alors, fourrant sa main dans la bouche du
« terrible animal, il le prit par la langue, et, quoique le lion se
« débattit étrangement, il le tint de cette manière jusqu'à ce que
« son compagnon qui avait un fusil couchât l'animal par terre. »
Le narrateur ne se porte pas garant de cet exploit qui eût rendu
jaloux Gérard, le fameux tueur de lions en Algérie.

De son côté Elisée Reclus, le célèbre géographe, dit : « les lions
« étaient jadis si nombreux dans le voisinage du Cap que les
« premiers colons hollandais se demandaient avec inquiétude,
« racontent les anciennes chroniques, s'ils ne monteraient pas
« quelque nuit à l'assaut du fort. »

On peut lire, à ce même propos, dans les *Souvenirs du Cap de
Bonne-Espérance* par Haussmann : « Cependant la colonie nais-
« sante subissait déjà ses épreuves. Non seulement elle avait eu
« plusieurs fois maille à partir avec des tribus sauvages, mais...
« les lions de leur côté n'avaient point épargné les troupeaux
« de l'illustre Compagnie des Indes au Cap, et l'on avait un
« jour rapporté en triomphe dans la forteresse la dépouille d'un
« de ces animaux furieux qu'un hardi chasseur n'était par-
« venu à achever qu'avec la plus grande peine et au péril de
« ses jours. Une autre fois quelques colons qui ramenaient dans
« un chariot un rhinocéros tué par eux furent attaqués par cinq
« lions terribles qu'ils repoussèrent, mais non sans brûler beau-
« coup de poudre. »

Des trois montagnes aux environs du Cap, qui forment la
vallée de la Table, une, dont le nom est caractéristique, étend
à l'Ouest du vaste cirque ses longues croupes et tourne le dos
à la cité; c'est *la Tête du lion*, d'aspect si pittoresque, que cou-
ronnent souvent en hiver les nuages comme une redoutable
crinière blanche.

« Quelques personnes, raconte encore Kolbe, disent qu'elle a
« pris son nom des lions qu'elle nourrissait autrefois. Il n'y a pas
« longtemps qu'elle servait de retraite à un de ces animaux
« redoutables qui dévoraient les troupeaux et même les hommes.
« Après avoir échappé à divers piéges, il périt enfin par les
« mains d'un capitaine suédois nommé *Olofberg*. D'autres
« croient qu'elle porte ce nom parce qu'elle ressemble à un

« lion couché qui guette sa proie. Il faut effectivement avouer
« que, considérée à quelque distance de la mer, elle a beaucoup
« de ressemblance avec un lion couché qui lève la tête. Cette
« montagne est contiguë à la mer, et pour en parler comme
« d'un lion, sa tête et ses pieds de devant regardent au sud-ouest,
« ses pieds de derrière et sa queue sont tournés à l'est. »

On voit donc que les Boërs, en plaçant *le lion* dans les armoiries de l'État le plus important qu'ils aient constitué, sont res-
tés fidèles aux traditions de leurs aïeux néerlandais au point
de vue héraldique, puisqu'ils ont dû s'inspirer de motifs tirés à
la fois du caractère national et de la faune du Cap, région où
leurs ancêtres avaient émigré, poursuivant leurs *treks* avec une si
opiniâtre intrépidité.

A dextre, avons-nous dit, est représenté un Boër en armes à
l'œil énergique, dont tous les traits expriment la froide résolution inébranlable des *Burgers*.

Il n'est pas rare de voir figurer un homme d'armes dans le
blason d'une ville ou d'un État ; ainsi Naumbourg (Saxe) porte,
dit Palliot : « d'azur à un Suisse armé de corselet, brassars et
« cuirasse, couvert d'un chapeau pennaché d'argent, tenant, de
« la main droite, un écusson penchant posé en bas de gueules
« chargé d'une épée et d'une clef posées en sautoir d'argent, et
« de la main gauche une pique de mesme. »

— « Hemmau, ville d'Allemagne, porte : « d'azur à un cavalier
« armé, monté sur un cheval courant d'argent tenant d'ar-
« gent un estendard de gueules à une croix d'argent, et en
« la gauche un escu armorié d'un estendard. »

— « Les armes de Lithuanie, dit encore Palliot, sont de gueules
« au cavalier armé d'argent à la rondel d'azur chargée d'une
« croix patriarchale d'azur. »

Nous pourrions multiplier les exemples. Pour en revenir au guerrier boër, il est coiffé d'un chapeau de feutre aux larges ailes, et vêtu d'une blouse et d'un pantalon aux plis flottants ; à sa ceinture pend un pistolet et il porte en bandoulière une courroie garnie de cartouches ; c'est là peut-être la partie la plus originale de son costume. Le Boër est debout, de face, la main droite appuyée à la ceinture, la gauche tenant le bout de sa carabine ou escopette. Cette vieille carabine des ancêtres a été remplacée, il est vrai, par une arme moderne et de précision. D'ailleurs, qu'il emploie l'escopette ou le *Mauser*, le Burgher atteint aussi sûrement son but avec l'une qu'avec l'autre. « On a dit du Boër, « a écrit Mme Olive Schreiner, qu'il se servait de son vieux « fusil à pierre encore une génération après que l'Europe avait « mis cette arme au rebut. C'était vrai, mais s'il l'avait répudié, « il n'aurait pu adopter que l'assagaie du Cafre. Le jour où on « lui a fait voir le *Mauser*, il l'a reconnu, l'a pris avec empres- « sement et en a fait un usage qui n'a pas été inefficace... ! »

Point de baïonnette ; l'arme blanche n'est pas en usage dans les *commandos*. Le burgher répugne à faire à l'ennemi de ces blessures qui saignent ; au lieu d'enfoncer une lame d'acier dans la poitrine de l'adversaire, n'est-il pas plus noble de l'abattre, de le mettre hors de combat par un coup de fusil, que fait partir un tireur exercé à viser avec une merveilleuse précision ?

Le Boër ne se comprend pas sans son fusil ; c'est son compagnon inséparable.

D'ailleurs, dès son enfance, le Burgher est dressé à l'exercice du tir, où il finit par exceller à tel point que, grâce à son sang-froid, il vise et atteint l'ennemi comme une cible. Adolescent, il s'habitue à abattre, presque sans épauler, la rapide antilope à des distances de près de 400 mètres et cela en pleine course. Les soldats anglais, et leurs officiers en particulier, ont éprouvé à leurs dépens l'adresse extraordinaire de ces remarquables tireurs, dont chaque coup porte pour ainsi dire et fait une victime. Les exploits de certains de ces guerriers tiennent du merveilleux et dépassent ceux du célèbre Buffalo Bill. On sait que l'héroïque président Krüger jouissait au Transvaal d'une grande réputation comme tireur émérite.

La pose du Burgher armé, représenté dans l'écusson, correspond bien au caractère de ce rural, soldat improvisé. C'est l'attitude calme du guerrier résolu, impassible, confiant en la précision de son tir ou en son courage et qui attend, de pied ferme, l'attaque de l'adversaire; chez lui rien de la *furia francese*; aucune jactance non plus dans le regard ou le geste. L'imperturbable sang-froid, voilà la qualité maîtresse du Boër, peut-être un peu lent à poursuivre l'ennemi en retraite et à profiter de la victoire. Et pourtant la mobilité du Burgher dans l'action est extrême, car il se montre aussi excellent cavalier que parfait tireur; monté sur son petit cheval si alerte et si résistant, il se transporte d'un point à un autre avec une très grande rapidité.

Lorsque les armoiries du Transvaal ont été adoptées, les Boërs n'avaient guère lutté encore que contre des tribus sauvages. Il fallait les deux guerres contre les Anglais de 1880-81 et de 1899-1902 pour leur permettre de faire valoir leurs remarquables capacités comme cavaliers. C'est donc à juste titre que dans l'écusson transvaalien le Burgher aurait pu être représenté à cheval.

Le Dʳ A. Kuyper [1] a dépeint avec une pittoresque exactitude le Burgher, en écrivant dans un article sensationnel de la *Revue des Deux Mondes*, intitulé *La Crise Sud-Africaine* : « Le nom Boër « signifie *paysan*, mais on se tromperait en comparant les Boërs

---

1. Alors député aux États-Généraux de Hollande, aujourd'hui Président du Conseil des Ministres du royaume des Pays-Bas.

« aux paysans français, aux *farmers* anglais ou même aux
« *settlers* d'Amérique. C'est plutôt une race conquérante, qui
« s'est établie parmi les Hottentots et les Bantous, comme les
« Normands, au xie siècle, se sont établis parmi les Anglo-
« Saxons ». — Et plus loin :

« Les Gueux de Hollande ont su résister, pendant quatre-
« vingts années, à la puissance écrasante de l'Espagne, et les
« Boërs ont le sang des Gueux dans leurs veines... Ils forment
« une armée d'infanterie montée, mobile et alerte, comme on
« n'en trouve nulle part. Leur tactique et leur stratégie font
« l'admiration des états-majors européens. »

Une autre caractéristique de ce guerrrier, que Mme Olive
Schreiner a mise en relief avec tant de vigueur dans son étude
si suggestive *Psychologie et formation des Boërs africains*, c'est la
répugnance, l'aversion de ces Africains, descendants de Hollandais, pour l'action de se battre en soi-même « jointe à une
extrême insensibilité à la souffrance. » Le Boër n'aime pas la
guerre pour elle-même, ni les âpres émotions qu'elle procure,
ni la grisante ardeur du combat, ni l'orgueil ou la gloire du
triomphe, ni les transports de la Victoire avec les drapeaux flottants et les fanfares retentissantes.

« Le courage (du Boër), inhérent à son être, était héréditaire
« pour lui, dit Mme Olive Schreiner; il le suçait avec le lait de
« sa mère et en même temps il y puisait une irréconciliable anti-
« pathie pour la guerre et pour tous les conflits. Pendant des
« générations la lutte mortelle ou la possibilité d'y être obligé
« fit partie de l'âpre et incessante discipline quotidienne de sa
« vie. Maintenant il regarde la guerre comme un mal fatal de
« cette vie, résolu de l'éviter partout où c'est possible, mais ne
« reculant jamais quand il est nécessaire de l'affronter. »

L'intrépidité du Boër provient non seulement de l'éducation, du milieu ambiant et des traditions ancestrales, mais surtout de sa foi ardente, dans laquelle il puise la noblesse de ses pensées, l'esprit de devoir et de sacrifice poussé jusqu'à l'héroïsme, les sentiments d'humanité pour les prisonniers et de touchante sollicitude pour les blessés qui ont fait l'admiration du monde entier et provoqué la gratitude émue de ses ennemis mêmes.

« L'Ancien Testament, dit dans la remarquable étude déjà
« citée le Dr Kuyper, les a pénétrés de la haute valeur d'une
« piété fervente pour la consolidation de la force nationale.
« C'est ainsi qu'ils ouvrent leur conseil de guerre par la prière
« et qu'en marchant à la bataille ils chantent les psaumes de
« David, faisant ainsi revivre les traditions des armées de Gus-
« tave-Adolphe, des Huguenots et de Cromwell. » Ces saintes mélopées retentissent graves et sublimes dans leurs *laagers*, sur lesquels passe dans l'envolée des cantiques un souffle religieux très haut, où s'exalte l'âme virile et noble d'un peuple croyant qui prie, s'immole, sait vaincre et pardonne !

Le héros de Boshof, le général de Villebois-Mareuil, peu de temps avant de teindre de son sang cette terre d'Afrique si fertile en superbes exploits, écrivait à la *Liberté* en parlant de ces paysans-soldats qu'il était si fier de commander :

« Quiconque les a vus combattre prudents et l'œil aux aguets,
« le fusil rapide et meurtrier, habiles à se déplacer, alertes à se
« multiplier, inflexibles et quand même bienfaisants, suspen-
« dant leur feu dès qu'il a produit son effet, refusant de pour-
« suivre dès que la retraite de l'ennemi est obtenue, comprend,
« à les voir si graves et si maîtres de leur force, qu'ils sont
« vraiment des êtres à part, ces Boërs extraordinaires, sûrs de
« leur œil comme de leurs nerfs, et de leur résolution comme
« de leur endurance, des soldats à coup sûr, mais d'une élite
« depuis longtemps disparue ! »

Passons au troisième attribut du blason : un char à bœufs ou wagon, ayant l'apparence d'une longue roulotte, représenté de profil, monté sur quatre roues (deux grandes et deux petites), la flèche inclinée à terre. Pour le pittoresque, ne peut-on regretter l'absence d'un attelage de grands bœufs robustes?

Ce simple véhicule, d'aspect très primitif, symbolise le trait le plus saillant des mœurs des Boërs et leur goût persistant pour l'existence nomade, soit le *trek*[1].

« Il y a dans la langue du Boër un mot très expressif, *trekken*,
« qui signifie littéralement *tirer* et qui suggère l'idée d'atteler
« les bœufs pour tirer le chariot, en d'autres termes quitter le
« pays pour émigrer à la recherche de nouveaux pâturages plus
« au Nord... Le mot imagé est surtout entré dans la langue le
« jour où des milliers de Boërs abandonnèrent la patrie que
« l'Angleterre leur avait ravie et s'en allèrent vers des régions
« inconnues, emmenant leurs bestiaux et emportant leur Bible.
« A raison de leur *trek* on les appela les *Voortrekkers* », ainsi s'exprime M. Jules Leclercq dans une savante étude de la *Revue des Deux Mondes*, intitulée « Les origines des Républiques Sud-Africaines ». De son côté, M. Fabius Féraud dit à propos de cette émigration, devenue chez les Boërs une sorte d'habitude nationale : « Il leur a fallu un mot propre, ayant sa signification
« particulière pour la désigner. Dans l'Afrique australe quitter
« sa ferme et son champ, emmener son bétail et sa famille et
« aller droit devant soi dans des pays inconnus, pour fuir l'op-
« presseur, s'exprime d'un mot, *trekken, faire un trek* ».

C'est la même idée qu'exprime aussi avec force un écrivain de la *Nouvelle Revue* dans un article intitulé « Le sentiment national chez les Boërs », lorsqu'il dit : « Ce sont des *nomades*, et

1. En hollandais *trekvogel* veut dire oiseau migrateur; over un berg *trekken* signifie passer sur une montagne.

« ces nomades, une fois fixés, ont gardé une âme de nomades.
« Plus encore que les pionniers en quête d'exploitation, ils
« étaient à l'origine des soldats en marche en quête d'une
« patrie ; c'est à une armée campée de guerriers plutôt qu'à un
« État constitué de citoyens modernes qu'a ressemblé d'abord
« leur République ».

On sait quelle fut l'origine du Grand Exode (*De Groote Trek*)
des premiers émigrants d'origine hollandaise, qui se résignèrent
à quitter le Cap et leurs foyers en 1834.

Lors de la prise de possession de la colonie par l'Angleterre,
en 1806, l'usage de la langue hollandaise dans les actes officiels
et devant les tribunaux avait été stipulé en faveur des habitants.
Or, en 1825, au mépris des engagements formels qu'il avait
pris, le gouvernement britannique passa outre et exigea la
production en justice de documents écrits en langue anglaise.
La suppression de l'esclavage — mesure excellente en principe
— fut appliquée si injustement qu'elle ruina une foule de Boërs,
frustrés sans compensation suffisante, bref bien d'autres actes
vexatoires et iniques de la métropole contre la population d'origine néerlandaise finirent par porter l'exaspération à son comble.

Aussi « opprimés, calomniés, traités avec une insupportable
« hauteur par les Anglais, a écrit M. F. W. Reitz, secrétaire d'État
« de la République Sud-Africaine, dans une brochure sensa-
« tionnelle *Un Siècle d'Injustice*, les Boërs du Cap prirent-ils la
« résolution désespérée d'abandonner leurs maisons, leurs fermes,
« leurs biens, et d'aller chercher au loin une nouvelle patrie.....
« Il parut aux Boërs que quitter les domaines héréditaires, aller
« vers l'inconnu des déserts immenses, des forêts ténébreuses,
« lutter chaque jour avec des nègres féroces, fût un moindre
« mal que de vivre dans la sujétion ».

C'est alors que commença la longue série de ces *treks*, qui

devaient durer tant d'années. « Ces émigrations, dit M. Féraud,
« ont développé chez les Boërs l'amour de la vie nomade.....
« Dans leur désir d'isolement, de liberté, ils ne craignent pas de
« se déplacer avec leur famille, leurs troupeaux et leurs *wagons*,
« qui contiennent toutes leurs richesses, pour des voyages de
« plusieurs semaines. »

Ces lourds chariots, traînés par plusieurs paires de bœufs
robustes, formaient de longues files, colonnes de centaines d'émigrants commandées par des chefs tels que Carl Johannes Tri-
chard et Andries Potgieter (dont le nom fut plus tard adopté
par la ville de Potchefstroom au Transvaal). Ces premières expé-
ditions, conduites dans la direction du Nord, franchirent l'Orange
et pénétrèrent dans la contrée libre au delà de ce fleuve ; un certain nombre de familles s'y fixèrent, formant ainsi le noyau de
la population du futur *État libre d'Orange* ; d'autres, traversant
la Caledon River, gagnèrent les *velds* au delà du Vaal ; ce fut l'origine de l'État du Transvaal, dénommé plus tard *République Sud-
Africaine.*

Parmi ceux qui suivaient la fortune de Potgieter se trouvait
un nommé Casper Krüger, natif du district de Colesberg ; émi-
grant avec toute sa famille, il emmenait au nombre de ses enfants
un petit *trekker* de dix ans environ, à qui étaient réservées d'illustres destinées, faites de gloire et d'infortune, le futur Président de la République Sud-Africaine et l'admirable défenseur
de l'Indépendance des Boërs.

D'autres, sous la direction de Pieter Retief, « un des chefs les
« plus généreux, les plus nobles, les plus pieux », n'hésitèrent
pas à franchir la chaine du Drakensberg pour saluer bientôt de
cris enthousiastes la fertile contrée du Natal, Terre Promise, qui
s'espaçait à leurs yeux jusqu'à l'Océan. Nous n'avons pas à
raconter ici la perfidie et la cruauté du féroce roi des Zoulous

Dingaan, ni le massacre de Retief et de ses compagnons, traîtreusement égorgés au lendemain des danses et des fêtes, ni la terrible vengeance que les Boërs surent tirer de ces sauvages sanguinaires....

Cette fois les *trekkers* purent souffler et prendre quelque repos; ils s'établirent dans le pays conquis, si largement arrosé de leur sang, et se mirent à le cultiver; mais, trois ans plus tard, Napier, gouverneur du Cap, sous le fallacieux prétexte de protéger les Zoulous contre les Boërs, tenta d'annexer le Natal. A deux reprises la colonne des envahisseurs fut repoussée. Les femmes elles-mêmes donnèrent un magnifique exemple d'intrépidité; à Maritzburg elles déclarèrent crânement au commissaire anglais « qu'elles étaient prêtes à passer *à pieds nus* la chaîne du Dra« kensberg plutôt que de se courber sousle joug étranger! »

Elles tinrent parole. Les bœufs furent de nouveau attelés aux grands chariots; on vit même la femme du président Prétorius, le fondateur de cette nouvelle mais éphémère République, étendue malade sur un des wagons, dont l'attelage était guidé par sa fille blessée.

L'exode, le *trek*, recommençait avec ses rigueurs, ses privations de toute sorte. Les émigrants atteignirent ainsi la rivière Orange, et des groupes se fixèrent sur ces territoires, tandis que d'autres, toujours suivis de la file de leurs chariots, s'avançaient jusqu'au Vaal et même, après de nombreuses étapes, jusqu'au Limpopo.

Mais combien de ces hardis voyageurs, surtout parmi les femmes et les enfants, errant à l'aventure, épuisés par les fatigues, décimés par les maladies, périrent de faim ou de soif, succombèrent sous la griffe des fauves ou la zagaie des sauvages?

L'habitude de se déplacer, en emmenant avec soi famille et troupeaux, est invétérée chez les descendants de ces *trekkers* infa tigables; ainsi, dans un très intéressant article intitulé *Les Boërs et les Races de l'Afrique Australe* et publié *dans la Revue générale des Sciences*, M. le Dr R. Verneau écrit : « Il n'est pas très rare de « rencontrer des Boërs à demi nomades; ce sont ceux qui se « sont établis sur des points où les rigueurs de l'hiver se font « sentir. A l'approche du froid, ils chargent sur un chariot leur « mobilier sommaire, leurs femmes et leurs enfants et vont pas- « ser la mauvaise saison dans un endroit plus propice. »

Dans son ouvrage : *De Worstelstrijd der Transvalers*, M. Léon Cachet n'a-t-il pas dit spirituellement que le « trekzucht », le désir de changer de place, est chez les Boërs un sixième sens?

Que sont donc ces légendaires chariots ou wagons ? Peints en trois couleurs, rouge, jaune et vert, divisés en compartiments pour recevoir vivres, couchettes et marchandises, ces véhicules, lourds et souples à la fois, construits sur un modèle uniforme, sont faits de fer et de poutrelles d'un bois élastique et très résis- tant à la fois, le *stinkwod* (« laurus brillatus »), et le massif assem- blage d'aspect archaïque repose sur quatre énormes roues, réu- nies par des échelles, auxquelles des coffres sont attachés à l'extérieur. Aucun clou, aucun lien métallique n'entre dans la construction de ces maisons roulantes, mais des lanières de cuir en relient toutes les parties ; aussi les cahots peuvent-ils fatiguer, sans les rompre, les joints de ces pesantes machines, qui fran- chissent sans encombre les pistes les moins frayées, les ravins et les rivières, et « le conducteur dressé, dès l'enfance, à cet art « difficile sait du bout de son fouet atteindre à propos chaque « bœuf pour l'exciter et le diriger....

« Presque toujours un garçon court devant le premier « couple de bœufs, le faisant obliquer à droite ou à gauche et « même au passage des rivières nageant devant les animaux, les « encourageant par son exemple, les empêchant de s'arrêter au

« risque de faire chavirer tout l'attelage poussé par le courant. »

— « Aux escalades des rochers, dit Elisée Reclus, les bêtes de
« trait étaient souvent insuffisantes, bien que le chargement de
« chaque wagon ne dépassât pas une tonne ; il fallait alors doubler
« le nombre des animaux devant les chariots de tête : dix, douze
« paires de bœufs les traînaient au delà du pas difficile, puis
« revenaient en arrière pour reprendre les chariots de queue aban-
« donnés temporairement sur la route. Parfois même il fallait
« démonter les véhicules et les transporter pièce à pièce avec
« tout le chargement au-dessus des parois des rochers. Fréquem-
« ment les bêtes succombaient à la fatigue et l'on campait alors
« dans le désert , en attendant que les messagers eussent amené
« les renforts....... Le soir on disposait les wagons en cercle, on
« allumait de grands feux pour éviter les bêtes féroces dont on
« apercevait parfois les yeux ardents parmi les broussailles, et jus-
« qu'aux heures tardives de la nuit on se reposait, par la musique
« et la danse, des fatigues de la journée. »

Les bœufs, attelés en paire, formant comme un troupeau au
nombre de seize, vingt-quatre et même trente-deux, traînent à
pas lent et la tête abaissée par le joug, les demeures roulantes,
munies à l'arrière d'une tente en demi-cercle qui abrite la famille
du vent, de la poussière et des pluies, « véritable habitation
« ambulante, dont le type n'a point varié depuis deux siècles
« que les Hollandais l'importèrent dans le pays », a écrit M. Jules
Leclercq dans la curieuse étude que nous avons déjà citée.

A l'occasion le pacifique chariot prend un aspect belliqueux ;
il sert à la défense contre l'ennemi, grand fauve ou sauvage
indigène : les *trekkers* craignaient-ils quelque surprise, quelque
furieuse attaque des barbares naturels, Matabélés ou bien Zoulous,
ils prenaient aussitôt une disposition de combat très originale
et alignaient leurs convois en *laager* (camp) : les chars rangés en

carré ; les roues des wagons étroitement liées les unes aux autres par des branches d'arbre, qu'attachaient femmes et enfants, afin d'empêcher les assaillants de se glisser à travers en rampant ; la ligne extérieure de ce solide retranchement palissadée par les bestiaux ; enfin les non-combattants, auxquels le sexe ou l'âge ne permettait pas de faire le coup de feu, placés au centre du cercle.

Ces remparts passagers n'étaient pas « des murailles vivantes », comme les célèbres carrés de Kléber ou de Desaix, mais les Boërs renouvelaient par un ingénieux procédé l'ancienne tactique des Cimbres de Marius et des Gaulois de Jules César. Les interstices entre les chariots formaient autant de meurtrières par lesquelles les défenseurs tiraient avec leurs fusils à éléphant sur les ennemis, dont ils faisaient un grand carnage. C'est à cette disposition de combat, autant qu'à leur intrépidité, que plus d'une colonne d'émigrants, assaillie avec fureur par les terribles indigènes, armés de zagaies et de flèches empoisonnées, ont dû souvent leur salut.

Mme Olive Schreiner a donné une saisissante description de la lutte presque désespérée que soutint ainsi, en 1836, la petite troupe de Barend Liebenberg, attaquée à l'improviste par le gros de l'armée des Matabélés à Vechtkop (le Mamelon du Combat), à 20 milles du village actuel d'Heilbron, dans l'État libre d'Orange, sur les bords du Vaal. Le président Krüger, qui n'était alors qu'un enfant, n'a pas oublié les émouvants préparatifs de la défense et le combat héroïque, couronné par la victoire.

« Les branches de mimosa coupées et traînées jusqu'aux cha-
« riots, les femmes et les enfants s'employant à la besogne, le
« commandant Sarel Cilliers, qui défendait le *laager*, trouva
« qu'il avait en tout, y compris les jeunes garçons de douze à
« quatorze ans, quarante hommes pour soutenir le choc des
« assaillants. Les femmes et les filles furent chargées de fondre
« le plomb au milieu du camp et de faire les balles pour les

« fusils de vieux modèle. » Après une reconnaissance opérée par
Cilliers et un détachement boër, tous les défenseurs ayant
rejoint le *laager*, « hommes, femmes et enfants s'agenouillèrent
« en une courte prière, pendant que les chefs matabélés amas-
« saient leurs troupes pour un grand assaut. Alors s'engagea un
« combat désespéré. Les Zoulous se ruaient par milliers avec un
« courage vraiment magnifique, se cramponnant de leurs mains
« aux chariots pour les arracher de place et criblant les bâches
« de leurs assagaies. Les Boërs se battaient avec une résolution
« suprême, les femmes rechargeant les fusils et les passant ensuite
« aux hommes qui se tenaient de pied ferme aux coins du *laa-*
« *ger*. Après de grandes pertes des deux côtés, les Matabélés
« furent repoussés, mais dans leur retraite ils emmenèrent tous
« les bestiaux enlevés aux émigrants. Le deuil et la désolation
« régnèrent alors dans le *laager*, et, sans l'arrivée en temps
« opportun d'une autre troupe d'émigrants, tous auraient fata-
« lement péri. »

C'est encore dans ces chars à bœufs qu'au cours de la dernière
guerre de l'Indépendance les femmes boërs, dès qu'elles pouvaient échapper aux travaux de leurs fermes, faisaient parfois de
longs voyages, par des chemins ravinés, traversant des rivières à
gué, pour aller retrouver un époux ou un fils enrôlé dans quelque
commando. Non seulement ces admirables épouses, ces mères
héroïques étaient les premières à exhorter mari ou enfants à res-
ter sous les armes et à continuer la guerre avec acharnement,
mais elles-mêmes, comme leurs aïeules dans les *laagers* attaqués
par les Zoulous, faisaient à l'occasion le coup de feu derrière un
chariot, et dans l'assaut d'un *kopje* « les Anglais, raconte
« M. Samuel Cornut dans son article saisissant *La Femme boër*
« *devant l'Invasion*, ont dû enjamber avec horreur des tranchées
« remplies de cadavres de femmes ! » — « Sans trahir leur sexe,

« a dit le Dr Kuyper, les femmes boërs manient le fusil et
« montent à cheval comme les hommes. L'enthousiasme de leur
« passion nationale surpasse même assez celui de leur mari, et,
« lorsqu'en octobre la guerre éclata, ce furent elles qui, quand
« le père hésitait et même refusait, allumèrent dans le cœur de
« leurs garçons de quatorze ans, et même de treize ans, le désir
« irrésistible de partir pour la guerre. » Ces superbes héroïnes
sont bien de la même race que celles dont Tacite a dit : « Elles
« rivalisaient avec leurs maris d'audace dans la guerre et de sou-
« frances dans la paix ! »

Le Boër de vieille race, avons-nous dit, est nomade dans
l'âme, et le chariot ou wagon indique bien son goût persistant
pour l'émigration. En voici un exemple caractéristique : en juin
1900, après la prise de Bloemfontein, le président Krüger, dans
un *interview* avec un correspondant de journal à la station de
chemin de fer de Machado-Dorp, lui dit : « La capitale de
« l'Orange est prise, il est vrai, mais c'est maintenant dans ce
« *wagon* qu'est la capitale de la République et le siège du gou-
« vernement. No.re pays est envahi, mais le gouvernement
« civil est toujours à la hauteur de sa tâche. Ce *wagon*, que j'ai fait
« construire pour me porter rapidement là où ma présence est
« nécessaire, me ramènera à Prétoria. » En temps de guerre l'État,
lui aussi, devient nomade, et le Président, qui se déplace non
plus lentement dans le lourd chariot traîné par des bœufs, mais
à toute vapeur dans le wagon emporté par la rapide locomo-
tive, devient le chef des *Trekkers* en armes.

Au centre de l'écusson de la République Sud-Africaine, avons-
nous dit, une ancre symbolique broche sur le tout.

« Saint-Paul, raconte l'héraldiste Palliot, dans son épitre VI
« prend l'ancre pour l'Espérance... Et, parce que l'espérance

« n'est autre chose que l'attente d'un bien, que nous désirons
« nous être asseurée, il y en a qui, pour dénoter cette stabi-
« lité, prennent deux Ancres à l'exemple des navires, lesquelles
« estant arrestées de la sorte :
«   ventorum temnunt rabiem
«   fluctusque sonantes,
«   méprisent la fureur des vents
«   et le fracas des flots. »

Les Boërs ont-ils voulu, au moyen de cet emblème, figurer
l'espoir qu'ils avaient toujours nourri d'atteindre quelque jour
la mer et, par un port, par un débouché maritime s'affranchis-
sant de tout intermédiaire à travers territoire étranger, anglais ou
portugais, d'avoir enfin leurs communications libres avec l'Europe et le reste du monde ? — Peut-être. Il est aussi permis de
penser que l'ancre, emblème de la marine, figure sur le blason
pour rappeler aux Boërs les goûts ou plutôt la passion pour la
mer de la race hollandaise, qui a compté tant d'illustres naviga-
teurs, de si célèbres amiraux, qui a conquis sur les flots une partie de son domaine territorial et dont l'étonnante histoire n'est,
pour ainsi dire, qu'une lutte séculaire et opiniâtre contre l'Océan.

« La Hollande est une conquête de l'homme sur la Mer, a
« écrit le colonel Niox dans sa *Géographie militaire*; c'est un
« pays artificiel, un pays qu'on a fait. Les Hollandais l'ont créé;
« il subsiste parce que les Hollandais le gardent ; il disparaîtrait,
« si les Hollandais l'abandonnaient. »

Les Néerlandais sont condamnés à un combat perpétuel contre
les flots; ils vivent sur le pied de guerre avec l'Océan. L'invasion
des eaux marines et fluviales est comme une menace toujours
suspendue sur leurs terres. Les armes de la Zélande dépeignent
de manière pittoresque ce péril constant pour le pays en même
temps que l'étonnante énergie des habitants; elles représentent

un *lion* luttant contre les eaux dans lesquelles il est à demi submergé. Ce blason a pour exergue cette noble et fière devise : *luctor et emergo* !

« Les Hollandais vivent en bateau sur l'immensité même, a
« écrit M. Jean Aicard dans son ouvrage *Visite en Hollande*, sur
« cette eau qui était pour les submerger et dont ils ont fait le
« moyen, la raison d'être, l'esclave, la défense et la gloire de
« leur nation. » — De son côté, M. E. de Laveleye dans son
Économie rurale en Néerlande a dit : « Quand la Patrie est mena-
« cée, l'eau lui sert de boulevard, et, à la dernière extrémité, de
« suprême et héroïque moyen de défense! » Les Hollandais l'ont
superbement prouvé à diverses reprises et notamment lors de
l'invasion des Provinces-Unies par les armées du Grand-Roi,
quand ils n'hésitèrent pas à rompre les digues de Muyden et à
inonder le pays pour sauver ainsi, en face de l'ennemi, l'Indépendance nationale !

Enfin l'ancre faisait encore souvenir les Boërs de la façon
même dont s'était faite l'émigration de leurs ancêtres, c'est-à-
dire par mer, lorsque ces Huguenots ou Hollandais s'étaient
embarqués dans les ports des Provinces-Unies pour aller aborder
au pied de la Montagne de la Table.

La première apparition des Hollandais au *Cabo das Tormentas*,
découvert par l'illustre navigateur portugais B. Diaz, remonte à
l'année 1598, lorsque quatre navires néerlandais, commandés
par Jean de Molenaar, y firent escale. Trois ans plus tard, au
seuil du xvii° siècle, l'amiral hollandais donna à la baie le nom
qu'elle porte encore aujourd'hui : Baie de la Table.

« De 1620 à 1650, écrit M. Hausmann, la baie de la Table
« devient peu à peu un mouillage fréquenté par des navires de
« toutes les nations. Les capitaines y établissent un singulier
« système de correspondance entre eux, en déposant des lettres

« convenues, curiosités postales que l'on retrouve encore de
« temps en temps sur ces côtes et dont le musée du Cap pos-
« sède plusieurs spécimens. »

En 1648, quelques vaisseaux hollandais sous les ordres de
Wallebrandt Geluijsen et à bord d'un desquels se trouvait van
Riebeek, dont nous avons déjà parlé, jetèrent l'ancre dans la
baie de la Table. Cette même année, un bâtiment de la Compagnie des Indes néerlandaises, *le Haarlem*, ayant fait naufrage
sur cette côte, deux de ses officiers, de retour en Hollande,
firent valoir aux directeurs les grands avantages que la Compagnie
retirerait de l'établissement d'un fort au Cap de Bonne-Espérance. Le D' van Riebeek fut alors chargé de fonder cette colonie.
Le 24 décembre 1651, l'amiral appareilla du Texel avec trois
vaisseaux, le *Dromedaris* (qui portait son pavillon), le *Reijger* et le
Gœde Hoop, qui mouillèrent à la baie de la Table le 6 avril 1652.
Van Riebeek était accompagné de sa famille, et une centaine
de ses compatriotes, autorisés à quitter les navires, formèrent,
soldats laboureurs, la garnison et jetèrent les fondations du
fort, embryon de la ville du Cap, appelée à devenir une florissante cité. « Plus tard, dit le D' Verneau, la ville d'Amsterdam
« expédia dans la colonie naissante des orphelins qui partirent
« accompagnés de marins et de soldats libérés du service. »

Dans le mois de janvier 1689 firent voile du *Texel* le *Lange
Maaiken* et trois autres navires portant un groupe de 300
Huguenots français environ et 17 familles piémontaises des
vallées vaudoises. Chase, dans son *History of South Africa*, donne
les noms de ces émigrants, parmi lesquels nous relevons les
Joubert, Jourdan, Beaumons, Couteau, du Plessy, Dupré, du
Toit, Floury, Hugot, Laporte, Le Clercq, Lefebvre, Le Grand,
Mesnard, Norman, Prévôt, Retief, Sellier, Terrier, Valette,
etc., etc. C'étaient des protestants des diverses provinces de la

France, qui, ayant émigré en Hollande après la révocation de l'Édit de Nantes, avaient résolu de chercher un refuge dans la nouvelle colonie néerlandaise du Cap de Bonne-Espérance ; à leur tête se trouvait le pasteur Pierre Simond, ministre de la congrégation du Refuge de Zierikzee.

Puis suivirent le *Borsenburg* (6 janvier 1688), qui partit de Middelburg ; l'*Osterland* du même port (le 29) ; le *China* de Rotterdam (le 20 mars), tous emportant un certain nombre de familles de Huguenots. De 1688 à 1708 d'autres vaisseaux quittèrent successivement les ports des Provinces-Unies, ayant à bord des protestants français qui débarquèrent à la baie de la Table.

Voilà les souvenirs que rappelle aux Boërs, descendants des Hollandais et des Huguenots français, tous venus au Cap par mer, l'ancre symbolique du blason de la République Sud-Africaine.

Ajoutons que la plupart des émigrants d'origine française se fixèrent d'abord dans les vallées *des Perles* et *des Éléphants* à Stellenbosch et à Drakenstein, où ils fondèrent, dans un repli de ces montagnes, *Fransche Hoek*, le Coin Français ; mais les colons, aussi bien ceux de Hollande que les autres venus de France, eurent souvent à souffrir des vexations de *la Compagnie* ; c'est ainsi qu'exaspérés des procédés arbitraires du gouverneur du Cap, van der Stell le jeune, un certain nombre d'émigrants, conduits par des Français, Guillaume et François du Toit, Hercule Dupré, abandonnèrent leurs fertiles domaines pour franchir l'« Overberg », pays au delà des monts, les chaines du « Keroo » et des « Groote Zwarte-Bergen », chercher enfin dans les solitudes du Nord un meilleur asile et la Liberté. Cet exode constitue le premier *trek* des Boërs ; nous avons vu qu'il fut suivi, surtout à partir de 1838, de beaucoup d'autres entrepris par les colons hollandais.

Mais aujourd'hui ce n'est pas vers le passé que les Boërs doivent tourner leurs regards; il leur faut les fixer sur l'avenir. L'Ancre qui figure sur le blason national n'est-elle pas l'emblème de l'Espérance ? Après une lutte de Géants, qui a étonné le monde, les héros ont déposé les armes pour empêcher la barbare extinction de leur race, la Mort fauchant sans trève les femmes et surtout les enfants dans les abominables camps de *reconcentration*, où retentissaient les pleurs des orphelins et les sanglots des veuves délaissées ou des mères abimées dans la douleur. Les fermes incendiées et en ruine, les champs en friche, les familles décimées, les Burghers risquaient, en continuant une résistance désespérée, de n'avoir plus bientôt de foyers ni de pays pour lesquels combattre ; mais les longs et virils espoirs sont permis à ces Vaillants, car il n'est pas dit que la Force primera toujours le Droit dans l'Afrique australe comme ailleurs.

Passionnément attachés à cette terre africaine, arrosée de leur sang, témoin de leur admirable opiniâtreté et de leur courage indomptable, devenue par là même doublement chère à leur cœur, les Boërs ont su créer au midi du noir continent une race bien spéciale, fortement trempée au moral comme au physique, et y former un noble type mixte, dans lequel se marient heureusement les influences ataviques du berceau néerlandais avec les influences immédiates du terroir africain.

Comme l'a dit avec éloquence M. Pauliat, sénateur, président du comité proboër, dans son discours du 14 octobre dernier à Paris, à l'arrivée dans la capitale des illustres généraux Botha, de Wet et de la Rey : « Un peuple, qui a fait preuve de tant d'en-
« durance, de tant de courage, de tant d'énergie, de tant d'es-
« prit de sacrifice pour la conservation de son Indépendance,
« qui a montré tant de sentiments généreux, et des sentiments
« généreux presque surhumains, un pareil peuple a droit à sa

« vie nationale, à la liberté, à son développement propre ; il ne
« saurait être supprimé comme une tribu de Cafres, de Hotten-
« tots ou de Peaux-Rouges.

« Aussi notre conviction est-elle que, dans un temps donné,
« la race boër jouira dans l'Afrique du Sud de sa pleine indé-
« pendance et de la liberté de vivre sous ses propres lois.

« A la suite de quelles conjonctures cet événement se produira-
« t-il ? Sera-ce par la paix, par le cours normal et naturel des
« choses, après des luttes nouvelles, ou plutôt sera-ce parce que
« les vainqueurs d'aujourd'hui y trouveront leur compte et y
« verront leur intérêt ?

« En ce moment personne ne pourrait le dire.

« Ce dont toutefois nous sommes infiniment sûrs, c'est que
« cet événement est fatalement destiné à se produire. »

Non certes ! Un pareil peuple, qui a poussé le patriotisme et
l'amour de l'Indépendance aux extrêmes limites, ne saurait dispa-
raître. « Nous avons déposé les armes, a dit avec un calme impo-
« sant, dans la conscience même de la justice de sa cause, le
« général de Wet, en répondant aux orateurs ; mais, si l'Indépen-
« dance est perdue, la race ne l'est pas et ne le sera jamais..... Le
« peuple sud-africain ne périra pas, il conservera et sa langue et
« ses mœurs..... Nous voulons conquérir le *self government*,
« l'autonomie..... »

ARMOIRIES DE L'ÉTAT LIBRE D'ORANGE

Nous ne saurions omettre de dire quelques mots des armoiries de la République sœur, l'État libre d'Orange, dont il a d'ailleurs été déjà question au cours de cette étude.

Il existe, en effet, une parfaite communauté d'origine entre les Boërs des deux États limitrophes, que sépare le Vaal, entre la République Sud-Africaine et l'*Oranje Vrij-Staat*, dont les commencements remontent à 1837, avec le président Prétorius, et dont l'autonomie politique, après une éclipse de quelques années, avait été reconnue par l'Angleterre, en 1854. « Depuis « cette époque, a écrit Elisée Reclus en 1888, le Vrij-Staat « d'Orange a prospéré d'une manière remarquable : sa population a quintuplé. » Depuis lors, ajouterons-nous, les progrès n'ont cessé de se développer, et M. Poutney Bigelow a pu dire avec raison de cette République florissante qu'elle était l'*État idéal* par la conception politique qui la faisait vivre et le centre de la civilisation dans le Sud-Africain.

Les Transvaaliens n'oublieront jamais avec quel noble désintéressement les Orangistes ont lié leur sort à celui de leurs frères du Nord, combattu héroïquement à leurs côtés, supporté avec une égale vaillance stoïque le poids écrasant de la guerre et subi aussi la *dura lex* du conquérant et la cruelle perte de l'indépendance nationale.

Si l'Orange a confondu sa cause avec celle du Transvaal, c'est en grande partie le fait de Mathias Steijn, élu président le 11 mars 1896, soit un mois après le trop célèbre et cynique raid Jameson. On a souvent comparé à Paul Krüger son collègue Steijn, lui aussi doué d'une grande force physique, esprit très cultivé, résolu et ardent, mais surtout chef d'État remarquable par le profond sentiment du devoir qu'il sut allier à la conscience de sa haute mission dans les conjonctures les plus graves. « Il y a, disait ce pasteur « de peuple dans un discours retentissant au *Volksraad* en mars « 1896, entre tous les Boërs une solidarité qui doit dominer les « intérêts particuliers de chaque groupement. »

Ces paroles étaient comme le prélude de la fédération réalisée d'abord par la diplomatie, mais bientôt mieux scellée encore par la confraternité d'armes sur les champs de bataille des *velds*. En effet, le 17 mars 1897, les deux présidents qu'animait un même amour passionné pour l'indépendance de leurs pays, signaient un traité d'alliance entre la République Sud-Africaine et l'État libre d'Orange, et, aussitôt la guerre déclarée en octobre 1899 et les hostilités commencées, celui de Bloemfontein, fidèle à ses engagements, s'empressait de joindre les forces orangistes aux *commandos* du Transvaal.

Voici, à propos des armoiries et du drapeau du Vrij-Staat, ce que porte l'art. 1er du chap. XXXVIII du code de cet État :

« Le projet du drapeau envoyé par le Roi des Pays-Bas est « adopté, comme proposé dans le dessin reçu. L'armoirie actuelle, « comme dans le grand sceau de l'État, sera insérée dans le pro- « jet en omettant la raie Orange. » — La loi date du 22 février 1856, sous la présidence de J.-N. Boshof.

L'écusson repose sur deux drapeaux croisés, à bandes horizontales et aux couleurs nationales rouge, blanc et bleu dans le haut, orange et blanc alternant en dessous.

Cet écusson est chargé de trois cors d'azur, embouchés, virolés et enguichés de gueules, deux en chef et un en pointe.

Au centre se trouve l'ovale portant les armoiries : d'argent à l'oranger de sinople terrassé de même et fusté d'or, sommé de la devise *Vryheid* (Liberté), accompagné à dextre d'un lion passant d'or, à senestre de deux moutons d'argent, l'un passant, l'autre *sautant* (couché), en pointe la devise *Immigratie* (Immigration), sommée d'un chariot de *trekker* de sinople aux roues de gueules, surmonté d'une banderole d'or à la devise : *Geduld en Moed* (Patience et Courage).

Remarquons d'abord que les cors qui chargent l'écusson rappellent le blason de la maison d'Orange [1] : « d'or au cor de sable » ou bien « d'or au cornet d'azur enguiché de gueules. »

Quant aux attributs des armoiries de l'État libre d'Orange, plusieurs d'entre eux, tels que le lion et le chariot, se retrouvent dans celles de la République Sud-Africaine, et la devise *Immigratie* au-dessus du wagon indique bien la signification de ce « meuble », le *trek* étant aussi cher aux Boërs de l'Orange qu'à ceux du Transvaal.

Ce qui caractérise surtout l'écusson en question, c'est l'oranger touffu qui étend ses rameaux au-dessus du lion et des moutons. L'arbre (aux fruits d'or) fait souvenir de cette antique et illustre maison d'Orange [2], dont le fondateur, d'après la légende, remonterait à Guillaume au Court-Nez ou au Cornet, héros du cycle carlovingien, que des chansons de geste font vivre sous Charlemagne.

Nous n'avons pas à donner ici la liste de ces princes d'*Orange*, dont le plus célèbre est Guillaume le Taciturne, et qui, stathouders des *Provinces-Unies*, centralisèrent entre leurs mains habiles les forces militaires de la Hollande et firent de leur pays, sous le

1. « Sous le règne de Charlemagne vivait, dit M. Aubry du Mouriez dans « ses *Mémoires pour servir à l'histoire de la République des Provinces-Unies et des* « *Pays-Bas*, un Guillaume de Nassau, surnommé *le Cornet*, et c'est probable- « ment ce Guillaume qui prit pour armes « le Cornet » que cette Maison « porte encore aujourd'hui. »

2. D'après Palliot, Orange porte : « d'or au cor d'azur, embouché, virollé « et enguiché de gueules. »

nom de République, une principauté en fait gouvernée par la *Maison d'Orange*. Le chant de Guillaume le Taciturne, *Prince d'Orange*, était devenu le chant national des Néerlandais comme la Maison d'Orange le symbole et l'instrument de la lutte acharnée des Hollandais contre la domination espagnole.

Sans doute l'État libre ayant pour capitale Bloemfontein tire son nom du fleuve Orange (*de Groote Rivier*), mais si le capitaine Gordon au service de la Hollande appela ainsi, en 1770, ce cours d'eau, ce fut en l'honneur du *Prince d'Orange*, titre dont l'origine remonte à Bertrand Iᵉʳ, héritier de la maison d'Adhémar, qui le reçut au couronnement de l'empereur Frédéric Iᵉʳ, comme possesseur de l'ancienne seigneurie d'Orange ; et, lorsque le royaume des Pays-Bas fut constitué au profit de la branche de Nassau, celle-ci conserva le titre de Prince d'Orange, attribué depuis lors à l'héritier présomptif du trône en Hollande.

Puisse l'arbre d'Orange, qui a jeté dans le sol des Pays-Bas des racines si profondes et porte aujourd'hui une fleur royale, dont la grâce et la beauté charment tous les cœurs néerlandais, continuer de prospérer ! Puissent les vigoureux rejetons, transportés dans l'Afrique australe, grandir et bientôt étaler à nouveau leurs rameaux puissants sous le soleil de la Liberté !

Quoi qu'il advienne et quelles que soient les destinées réservées aux intrépides descendants des colons franco-hollandais du Transvaal et de l'Orange, les Boërs peuvent être fiers à bon droit de leurs glorieuses armes parlantes qui rappellent l'illustre histoire d'un peuple au sublime héroïsme, d'un peuple, petit par le nombre, si grand par ses vertus et dont les magnifiques exploits, comparables aux plus fameuses actions d'éclat des temps anciens, forment une grandiose épopée, qui attend son Homère ou son Camoëns, et sont déjà inscrits par la Renommée en infrangibles lettres d'or dans les annales de l'Humanité !

MÂCON, PROTAT FRÈRES, IMPRIMEURS